LA GUYANE HOLLANDAISE (1)

I

PRINCE ROLAND BONAPARTE.

Voisine de la Guyane française, avec laquelle ses limites ont été définitivement déterminées par la convention de 1891, la Guyane hollandaise ou Suriname ne nous est connue dans ses ressources économiques, dans ses richesses naturelles, dans son ethnographie et son histoire coloniale, que depuis les remarquables travaux du prince Roland Bonaparte (2), dont

(1) Actuellement, la Guyane hollandaise (capitale Paramaribo) est comprise entre la rivière Corentyne, qui la sépare de la Guyane anglaise, les monts Tumuc-Humac, qui la séparent du Brésil, et le Maroni et l'Awa, qui la séparent de la Guyane française.

(2) Le prince Roland Bonaparte est né à Paris le 19 mai 1858. Fils de Pierre-Napoléon Bonaparte, neveu de Louis-Lucien, qui fut, lui aussi, un savant de grande valeur, et petit-fils de Lucien, il se destina d'abord à la carrière militaire. Sorti de Saint-Cyr en 1879, il était sous-lieutenant quand la loi du 23 juin 1886 le rendit à la vie privée avec tous les membres des familles ayant régné sur la France. Occupé depuis lors exclusi-

le grand ouvrage, *les Habitants de Suriname*, est encore aujourd'hui la seule source de documents vraiment scientifiques sur cette partie de l'Amérique du Sud et les problèmes géographiques et anthropologiques qui s'y rattachent. Le prince Roland avait vingt-cinq ans, lorsqu'il écrivit ce livre, où se révèlent la sûreté des connaissances et l'élévation des vues, une intelligence vigoureusement trempée, nourrie de bonne heure de fortes études indépendantes, un esprit admirablement doué, s'intéressant passionnément, et avec une rare compétence, à l'évolution des lois sociologiques, apportant son concours à leur définition, et dirigeant activement ses recherches sur les civilisations encore primitives, qui soulèvent tant de questions d'un intérêt si puissant. C'est aux peuples du Nord, et surtout aux races en contact avec les Néerlandais, qu'il consacra tout d'abord ses observations, sans doute parce que ces races lui offraient une physionomie sociale bien distincte, et peut-être aussi parce que les Néerlandais eux-mêmes se présentaient à son examen avec des qualités d'énergie particulièrement vivaces. Cette nation batave, née des victoires de l'homme sur la nature, n'existant que grâce aux conquêtes patientes autant que hardies des alluvions emprises sur la mer, grâce aux entreprises épiques de ses intrépides navigateurs, les Barentz, les Tasman, les Schouten, les Houtman, les Heemskerk, les Koen, cette Néerlande, gardienne de la liberté intellectuelle en Europe, explorant toutes les mers pendant qu'elle disputait son propre sol à l'Océan, devait, plus que toute autre, attirer les sympathies du prince Roland. Les colonies néerlandaises, dans leur organisation administrative, dans leur mise à profit, sage et pratique, de tous leurs éléments de production, sont, parmi toutes celles du globe, les mieux conduites et les plus fécondes en exemples utiles. Les Anglais ont calqué sur elles tout ce qui fait la prospérité de l'empire colonial britannique, et il est regrettable que la France, principalement dans ses possessions de Guyane, n'ait pas fait de même. Il faut savoir gré au prince Roland Bonaparte de ce que l'on peut appeler ses révélations sur ce magnifique pays de Suriname, où le ciel et le soleil viennent si généreusement en aide aux hommes qui s'entendent à exploiter les cultures tropicales. Et l'on peut ajouter qu'aucune lecture ne peut être plus instructive, pour les Français en général, que ces pages, dont on lira plus loin les extraits si attachants.

II

Empruntons au prince Roland Bonaparte l'histoire de la Guyane hollandaise qu'il a racontée rapidement, en un récit à la fois vif et brillant, précis et documenté :

« Les côtes de la Guyane furent visitées de bonne heure par les continuateurs des découvertes de Colomb. On ne mentionne à cette époque aucun établissement européen. La première colonie régulière fut fondée vers le début du dix-septième siècle. Ce sont les Anglais qui firent le premier essai de colonisation sur les rives du fleuve Suriname. Dès 1630,

vement de ses études, il a publié, à la suite de nombreux voyages, une série importante d'ouvrages très estimés sur les colonies néerlandaises, la Suède, la Norvège, la Finlande et la Laponie, la Corse, etc. Le prince Roland Bonaparte était, l'année dernière, président de la commission centrale de la Société de géographie de Paris. (C. S.)

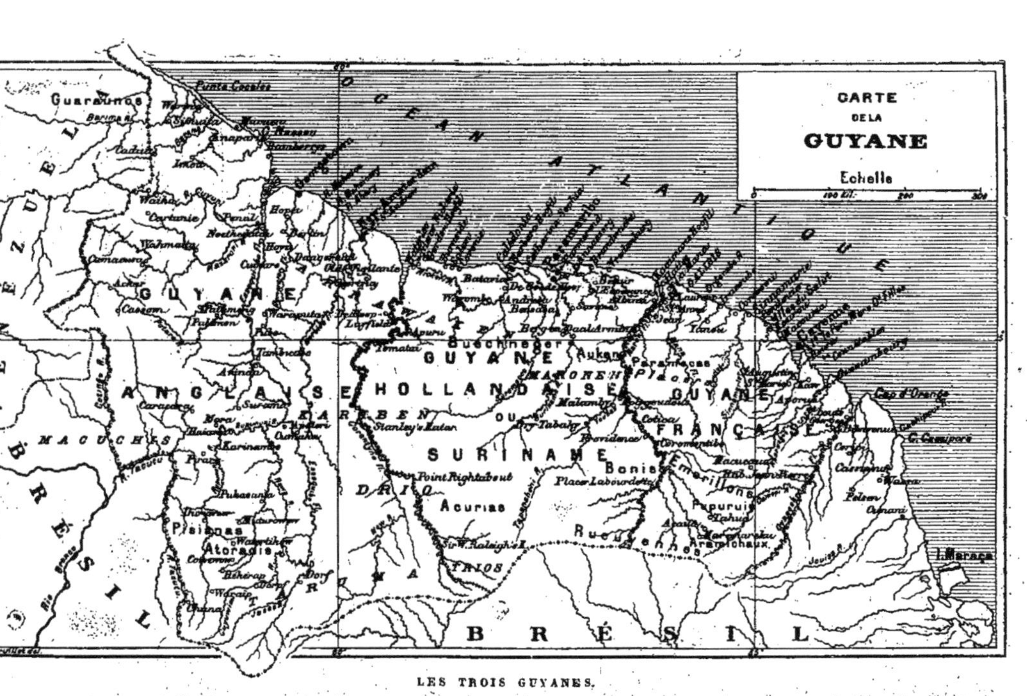

LES TROIS GUYANES.

ils avaient fondé le fort Rorarica, à l'endroit où se trouve actuellement la plantation de Waterland. En 1640, les Français construisirent un fort à l'embouchure du fleuve Suriname, sur l'emplacement que devait occuper plus tard le fort Zélandia. Très peu de temps après la découverte de l'Amérique, les Juifs étaient venus se fixer au Brésil; mais les Portugais les en chassèrent bientôt; ils se réfugièrent alors à Suriname, où leurs descendants existent encore. En 1644, sous la conduite de leur chef David Nassy, ils fondèrent un village à l'endroit appelé aujourd'hui Joden Savana (savane des Juifs); mais on rapporte qu'ils se seraient établis pour la première fois dans la colonie dès 1632. En 1685, ils abandonnèrent leur village pour aller, sous la conduite de Samuel Nassy, créer un autre bourg en aval du fleuve. La synagogue qu'ils y bâtirent existe encore aujourd'hui, mais elle est en ruine. Ils se livrèrent aussi à l'agriculture, et en 1750 ils avaient déjà 115 plantations.

« En 1644, les premiers colons néerlandais s'établirent sur la haute Commewijne, mais ils en furent bientôt chassés par les Anglais. C'est surtout depuis la fondation de la Compagnie des Indes occidentales (le 3 juillet 1621) que les communications entre la Néerlande et l'Amérique du Sud allèrent toujours en augmentant. Cette compagnie eut un monopole prolongé tous les vingt-cinq ans. En 1791, elle fut supprimée par une décision des États-Généraux. En 1662, la colonie de Suriname avait été donnée en toute propriété à sir Francis Willoughby, comte de Parham, par le roi d'Angleterre Charles II. Elle fut conquise sur les Anglais par les Néerlandais, en 1667. Le 28 février, 3 navires de guerre zélandais remontèrent le Suriname sous les ordres d'Abraham Krijnssen. Afin de prendre par surprise le fort qui défendait Paramaribo, les navires avaient arboré le pavillon anglais. Mais le chef d'escadre ignorait les signaux en usage chez ses adversaires, de sorte que sa ruse de guerre fut bientôt découverte, et ceux-ci ouvrirent de suite le feu sur les Zélandais, qui se virent obligés d'opérer un débarquement pour essayer d'attaquer le fort du côté de la terre.

« D'après les renseignements qu'on avait pu recueillir, les fortifications devaient y être en mauvais état. Le fort dut se rendre. Quelques heures plus tard, un détachement anglais de 600 hommes, venu de l'intérieur, essaya de le reprendre, mais il fut repoussé. C'est à cette époque que ce fort, construit par les Français, reçut, en l'honneur des vainqueurs, le nom de Zelandia, qu'il porte encore aujourd'hui.

« Lorsque Krijnssen quitta la colonie, il y laissa une garnison de 120 hommes, avec 15 canons, sous les ordres du capitaine Maurits de Rama.

« Le fort et la colonie ne restèrent pas longtemps entre les mains des Zélandais. Le 17 octobre de la même année, l'Anglais John Hermans remonta le Suriname avec 7 navires de guerre et quelques transports portant 1,290 hommes de troupes de débarquement. La défense du fort Zélandia fut héroïque; 54 hommes de la garnison furent tués. Parmi ceux-ci se trouvaient le chevalier de Lézy, ancien gouverneur de Cayenne, et quelques autres Français. Après une longue résistance, 9 canons furent démontés, les parapets et les palissades détruits par le feu des Anglais, et même, ce qui était plus grave, une brèche assez large pour y laisser passer dix hommes de front avait été pratiquée dans le mur d'enceinte. Voyant la situation désespérée, le conseil de guerre proposa une capitulation;

mais, pendant qu'on négociait, les Anglais se précipitèrent soudainement dans l'intérieur par une porte ouverte par trahison. La garnison fut faite prisonnière et emmenée par les Anglais avec une grande quantité d'esclaves et de marchandises. Les plantations, situées jusqu'à quatre milles en amont, furent pillées et ravagées par les vainqueurs. Mais le traité de Bréda (31 juillet 1667) avait cédé Suriname à la Hollande, en échange de Nieuw-Amsterdam (New-York), de sorte que les Anglais furent obligés d'abandonner leur conquête ; ils ne le firent pas sans difficulté. La même année, Krijnssen put cependant réoccuper la colonie.

« Des discussions s'élevèrent bientôt entre la Zélande et les États-Généraux, au sujet de la propriété de Suriname. Par l'arrangement du 29 janvier 1672, les Zélandais étaient reconnus comme propriétaires de la colonie ; les États-Généraux devaient la gouverner et la défendre, si elle venait à être attaquée. Les États de Zélande eurent beaucoup de luttes à soutenir contre les Indiens, habitants primitifs de cette côte, qui attaquaient continuellement les établissements européens. Van Aerssen van Sommelsdijk, nommé gouverneur en 1683, eut fort à faire pour mettre la colonie à l'abri de leurs attaques. Les hostilités continuelles des Caraïbes forcèrent le gouverneur à faire construire deux nouveaux forts à l'intérieur, l'un au confluent du Para et du Suriname, l'autre au point de jonction de la Cottica et de la Commewijne. Ce dernier porta au début le nom de Cottica ; plus tard il fut appelé fort Sommelsdijk. Ces travaux furent exécutés par la garnison de la colonie. A la suite de ces luttes avec les Indiens, la Zélande vendit Suriname à la Compagnie des Indes occidentales pour la somme de 260,000 florins (546,000 francs). Cette compagnie s'aperçut rapidement des difficultés inhérentes à son exploitation ; aussi en revendit-elle les deux tiers. Un tiers fut acheté par la ville d'Amsterdam, l'autre par Van Aerssen, marquis de Chatillon, seigneur de Sommelsdijk, Plaat, Bommel, Spijk, etc. C'est celui dont nous avons parlé plus haut. Il s'était engagé par contrat à remplir les fonctions de gouverneur. Les trois propriétaires de la colonie conclurent un traité pour se former en société. Celle-ci fut reconnue par les États-Généraux, le 5 octobre 1686, sous le nom de « Société autorisée de Suriname ». Elle fut administrée par des directeurs établis à Amsterdam, et elle vécut jusqu'en 1799, époque à laquelle l'Angleterre reprit possession de la colonie.

« Mais revenons à Van Aerssen : ses soldats, mécontents des travaux qu'il leur faisait faire, se révoltèrent et le tuèrent. Le commandant Verboom mourut aussi de ses blessures après quelques jours de souffrances. Les révoltés se rendirent maîtres du fort de Zélandia et de deux navires qui étaient dans la rivière. Tous les vivres et le matériel de guerre qui se trouvaient dans les magasins tombèrent en leur pouvoir. Chose étrange, les insurgés enterrèrent le gouverneur, qu'ils avaient assassiné, dans l'intérieur du fort en lui rendant les honneurs militaires. Maîtres du fort, ils conclurent un traité avec le conseil de police de la colonie ; celui-ci s'engageait à ne punir aucun des coupables. Cependant les chefs du complot furent livrés quelque temps après par leurs camarades eux-mêmes, et ils subirent, le 3 août 1688, la peine qu'ils avaient si bien méritée, car le conseil n'observa pas le traité qui lui avait été imposé. Trois furent roués et huit pendus.

« Les 8, 9 et 10 mai 1689, le fort Zélandia repoussa une attaque de la flotte française, composée de neuf navires de guerre et d'une galiote à bombes commandée par l'amiral Du Casse. La galiote ne jeta pas moins de 150 bombes dans la seule soirée du 10. Les dégâts causés au fort furent de peu d'importance; il n'y eut que 50 blessés. Pendant la défense si vigoureuse du fort, plusieurs officiers se distinguèrent particulièrement, entre autres, le fils du dernier gouverneur assassiné, François Van Aerssen, seigneur de Chatillon, alors lieutenant de marine et devenu depuis vice-amiral; il servit lui-même une pièce de canon avec un de ses domestiques, il fut gravement blessé. Les Français battirent en retraite; après avoir subi des pertes sérieuses.

« Une autre attaque des Français réussit mieux. Le 8 octobre 1712. l'amiral Cassard, avec une flotte de 9 navires de 74 et 36 canons, de 2 vaisseaux de 8 à 6 canons, et une flotille de 30 petits navires avec 3,000 hommes de troupes de débarquement, remonta la rivière. La défense du fort Zélandia était telle qu'elle arrêta la marche de la flotte. Les Français durent débarquer, et ils se fortifièrent sur la plantation Meerzorg, située au-dessus de Paramaribo. De là ils jetèrent des bombes sur le fort et sur la ville : une capitulation était inévitable, elle fut signée à Meerzorg; l'amiral français imposa une rançon de guerre si considérable que la colonie s'en ressentit encore longtemps après. Cette dernière attaque fit comprendre la nécessité d'avoir de meilleures défenses. En 1734, le fort Nieuw-Amsterdam fut construit, et quelque temps après deux redoutes furent élevées vis-à-vis. Depuis cette époque la colonie n'a subi aucune attaque. En 1799, elle passa par traité aux mains des Anglais. Le 27 février 1816, le gouverneur général, Van Panhuys, reprit possession de la colonie rendue à la Hollande à la suite des événements de 1814 et de 1815. Depuis lors, elle n'a jamais cessé de lui appartenir. »

III

La superficie de Suriname est évaluée très diversement : 110,321 kilomètres carrés, suivant les uns, 119,000 selon les autres. Avec la zone d'influence jusqu'aux monts Tumuc-Humac, on peut même compter 140,000 kilomètres carrés. Ces mêmes écarts s'accusent dans les données antérieures à celles sur lesquelles on s'appuie aujourd'hui. Engelhard dit 1,812 milles carrés, Fraissinet 2,082, Melvill van Carnbee 2,185, Kloeden 2,700. Ces divergences proviennent de ce qu'un tiers seulement du pays est délimité; pour le reste, on établit des calculs hypothétiques. Quant à la population, elle a considérablement augmenté en ces quarante dernières années, puisqu'un document officiel de 1857 la portait au total de 52,338 habitants, et qu'elle est estimée actuellement à plus de 74,641. L'accroissement est dû à différentes causes, mais tout d'abord à la prospérité relativement récente des plantations. Celles-ci avaient traversé une période de crise. C'est par l'augmentation considérable dans la production et l'exportation du cacao que Suriname a été sauvée de la ruine, grâce à l'emploi des coolies chinois (1).

Charles SIMOND.

(1) Voir E. POIRIER, *Suriname. Les ressources de la Guyane hollandaise.* — *Bull. Soc. géogr. comm.*, 1895.)

SURINAME (1)

I

LA COLONIE.

On sait que la région côtière de l'Amérique du Sud comprise entre l'embouchure de l'Amazone et de l'Orénoque porte depuis longtemps le nom de Guyane (2). C'est là que les aventuriers du seizième siècle essayèrent de trouver le fameux Eldorado. Cette côte, située à quelques degrés de l'équateur, attira de bonne heure l'attention des Européens; ils vinrent s'y établir pour cultiver les denrées que l'on était obligé de faire venir à grands frais de l'Orient. Là est la cause véritable des premiers établissements européens dans cette région.

Actuellement la Guyane est partagée entre cinq puissances, qui sont : l'Angleterre, les Pays-Bas, la France, le Brésil et le Vénézuela. La colonie hollandaise porte le nom de Suriname, qui est en même temps celui du plus grand fleuve qui la traverse. Quant à ce nom lui-même, on croit qu'il était porté autrefois par une

(1) Les pages qu'on va lire sont, avec l'autorisation de l'auteur, extraites de l'ouvrage intitulé : *Les habitants de Suriname*, par le prince Roland BONAPARTE, à qui nous devons également la gracieuse autorisation de reproduire ici les gravures accompagnant le texte.

(2) Voir, sur la Guyane, le n° 10 de la *Bibliothèque illustrée des Voyages autour du monde*, Xavier LINARD, l'*Ile du Diable* (Guyane française).

tribu indienne qui habitait les rives du fleuve à l'époque où les premiers colons vinrent s'y établir, et qui, depuis, se serait retirée sur l'Amazone. Mais cette explication est loin d'être certaine. La colonie de Suriname est baignée au nord par l'Atlantique; à l'est, elle est séparée de la Guyane française par la Marowijne ou Maroni; la rivière Corantijn (1) la sépare de la Guyane anglaise ou Berbice. Du côté du Brésil, la frontière est très vague; elle serait constituée par les monts Tumuc-Humac, situés un peu au sud du 2° de latitude nord. La superficie du territoire ainsi délimité serait de cent dix-neuf mille trois cent vingt et un kilomètres carrés, soit le cinquième de la surface de la France. Il est vrai de dire qu'on en connaît à peine le tiers. Son aspect général est dépeint de la manière suivante par un auteur hollandais : « Suriname est une de nos plus magnifiques colonies. C'est un chef-d'œuvre de l'industrie humaine que d'avoir pu couvrir cette plaine si étendue de luxuriantes plantations. Cette plaine si verdoyante est baignée au nord par les flots bleus de l'Atlantique; au sud elle se trouve limitée par un rideau sombre de forêts impénétrables. C'est un jardin splendide, gagné sur la mer et sur la forêt vierge. Il est traversé par de nombreux cours d'eau, tantôt encaissés, tantôt bordés de digues; des canaux relient entre elles les magnifiques lignes d'eau formées par la nature et au bord desquelles se trouvent d'élégantes habitations qui, avec leurs annexes, présentent chacune l'aspect d'un village. En un mot, on trouve ici réunis sur un espace relativement

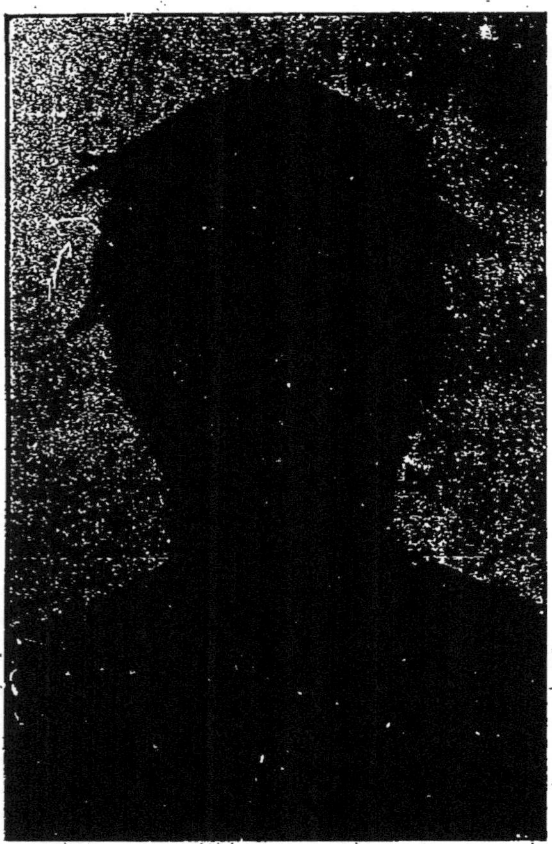

KWAMINA BAJA (NÈGRE DES BOIS).

(1) Ou Corentyne.

CANOT ET HUTTE DE KALINAS.

petit tous les produits de la culture la plus développée et les beautés incomparables de la nature sauvage: »

Cette description un peu enthousiaste était probablement vraie, il y a cinquante ans, mais depuis l'abolition de l'esclavage (1) l'aspect de la colonie a bien changé, surtout au point de vue des cultures. Un passage d'un autre auteur explique bien ce changement : « Suriname, dit-il, est le pays où règne un printemps perpétuel; les orages et les tremblements de terre sont rares; on trouve en abondance des poissons et des oiseaux; les fruits des arbres et ceux de la terre qui peuvent servir à l'alimentation viennent spontanément. A cet égard Suriname ne le cède en rien à aucun pays de la terre; car l'homme trouve devant lui, sans faire un seul effort, tout ce dont il a besoin pour sa nourriture journalière. Cependant, à l'arrivée des conquérants européens, cette belle et fertile contrée n'était occupée que par quelques Indiens, souverains absolus de cette magnifique mais sauvage nature. La Guyane, avec ses forêts et ses rivières, ses montagnes et ses vallées, ses fruits et ses animaux, était la propriété de ces primitifs habitants qui erraient. » On comprend facilement que, dans des conditions si favorables, les nègres, devenus libres, n'aient pas envie de travailler pour gagner une nourriture qu'ils n'ont qu'à ramasser.

On peut distinguer dans la colonie trois régions bien tranchées : 1º la région côtière, basse et marécageuse; 2º la région moyenne ou région des savanes; 3º la région des forêts vierges, où se trouvent les principales rivières. Un courant marin, d'une direction occidentale constante, longe toute la côte de la colonie; on attribue à son action, jointe à celle des vents, qui le plus souvent soufflent de l'est et du nord-est, les déchirures et les anfractuosités considérables de quelques parties de la côte. Toute la région côtière est plate. Les alluvions qui la forment sont couvertes d'arbres et de broussailles peu élevés qui constituent un fourré presque impénétrable inondé à chaque marée. Le littoral lui-même est formé par une couche assez épaisse de restes de crustacés marins; en quelques endroits elle est recouverte de sable et de glaise. Au-dessous on trouve de l'argile bleue ou grise, alternant par-ci par-là avec du sable d'une teinte jaunâtre.

Les bancs de sable et de coquilles, d'une profondeur maxima de quatre mètres, se trouvent dans l'intérieur du pays. Ils sont orientés dans une direction parallèle à la côte. Un fait à noter s'observe ici : la végétation de ces bancs n'est pas la même que celle de la contrée environnante; elle se rapproche davantage de celle qu'on rencontre dans l'intérieur du pays. Ces bancs, plus élevés que le

---

(1) L'esclavage a subsisté à Suriname jusqu'en 1863. Avant cette époque, les plantations, ayant un très grand nombre de travailleurs nègres, étaient florissantes. (Prince R. B.)

terrain marécageux qui les entoure, n'ont que peu de largeur; mais leur longueur dépasse souvent dix kilomètres. Il est possible que ce soient les anciens rivages de l'Océan. Paramaribo est construit sur un de ces bancs de coquilles qui s'élève à environ trois mètres au-dessus des plus basses eaux. Derrière les amas de coquilles se trouvent de grands marais d'eau douce, presque à sec pendant la saison sèche et qui, pendant la période des pluies, sont absolument impraticables.

Les rives de l'embouchure des rivières sont encore plus basses que le reste de la côte; elles sont excessivement plates et sujettes à des inondations fréquentes. Cependant les palétuviers rouges forment par leurs racines une espèce de digue qui les protège contre les chocs trop violents des vagues. Jusqu'à une très grande distance au large, le littoral se prolonge en pente très douce au-dessous du niveau de l'Océan; cet état de choses a favorisé la formation rapide de nombreux bancs boueux dont les éléments ont été fournis par les atterrissements des fleuves.

La plage offre partout un aspect désolé et monotone. Des milliers d'arbres morts et déracinés ont été déposés de tous côtés par le courant. Depuis Warappa-Kreek jusqu'à l'embouchure du Suriname on ne voit pas la moindre trace de culture. Dans l'intérieur marécageux, à environ une lieue de Bramspunt, se trouve une vaste forêt d'arbres secs, à moitié consumés : ce sont les tristes restes d'un bois jadis magnifique que le feu a détruit. Le sol bourbeux, où l'on enfonce jusqu'aux genoux, si l'on a l'audace ou le malheur de s'y hasarder, est habité par des milliers de crabes, et les broussailles qui recouvrent ces tristes côtes fourmillent d'essaims de moustiques et autres moucherons piquants non moins incommodes. Une multitude d'oiseaux trouvent ici leur nourriture pendant la marée basse.

Entre la région des alluvions côtières dont nous venons de parler et la région dite des forêts vierges, se trouve une zone assez large qui renferme une formation particulière; ce sont les savanes, plaines dépourvues de grands arbres dont le sol est formé de sable blanc très fin. Les éléments de ce sable sont le quartz et le mica; il a probablement été déposé par des courants analogues à ceux qui durent se produire pendant la dernière période géologique que traversa l'Europe. La direction de ces savanes est généralement orientée du sud-ouest au nord-est; de même que les bancs de sable côtiers, elles ont peu de largeur, en comparaison de leur longueur. Au bord des fleuves elles sont entrecoupées de forêts. Leurs formes sont très irrégulières; tantôt elles s'étendent dans l'alluvion, tantôt elles vont se terminer en se perdant dans la montagne. Partout où la savane n'est pas recouverte de végétation, le sable est d'une blancheur éblouissante. A la savane dite des Juifs, sur la rive droite de Suriname, on peut observer les deux formes sous lesquelles elles se présente.

Cette seconde région est très intéressante, mais peu explorée,

au point de vue géologique (1). La troisième région est monta-

(1) On y a constaté la présence du basalte, du quartz contenant de l'or, de petits diamants, de grenats de la grosseur d'une tête d'épingle, du fer, du plomb, du bismuth et du platine. Le fleuve Suriname a été exploré, au point de vue géologique, par Voltz. (Prince R. B.)

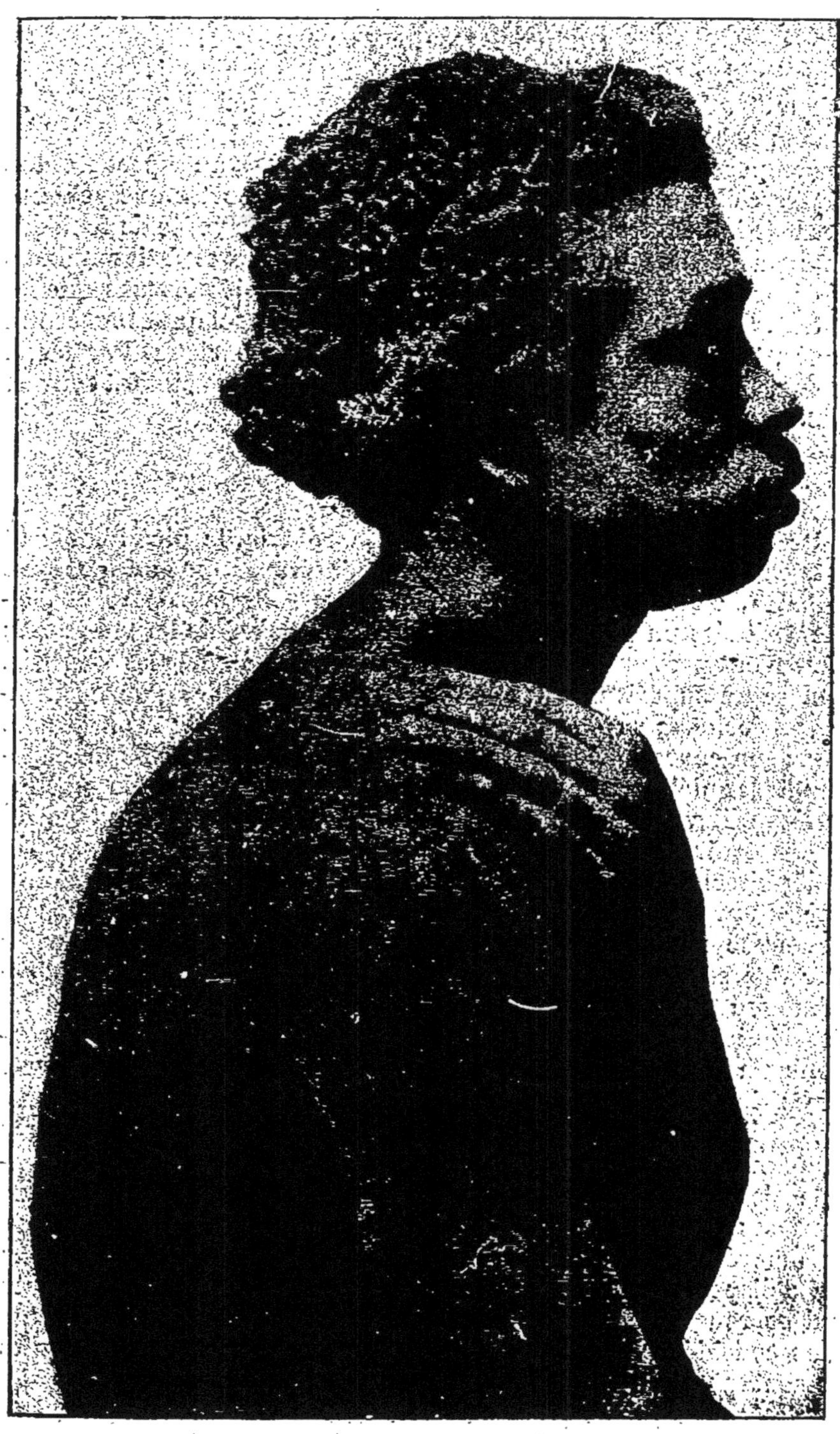

RICHARD MAZER (NÈGRE SÉDENTAIRE).

gneuse et renferme d'immenses forêts vierges. Même dans cette contrée, les flaques d'eau stagnantes et les marais sont très fréquents. La forêt vierge renferme peu de palmiers et peu de lianes; le cactus ne s'y présente plus qu'à l'état sporadique. Elle se compose d'arbres très hauts (30 à 40 mètres), à l'aspect froid et sévère, s'élevant comme des colonnes pour supporter une voûte de verdure impénétrable aux rayons de soleil. Cette voûte de feuillage donne asile à de nombreuses troupes de singes et à des milliers d'oiseaux aux plumages plus riches et plus variés les uns que les autres. C'est à trente-cinq mètres au-dessus du sol que se concentre la vie, tandis qu'en bas tout reste morne et silencieux. Par terre, pas un brin d'herbe, à part quelques fougères; le sol n'est couvert que de branches et de feuilles mortes.

*
* *

De tous les fleuves qui traversent la colonie, le plus important est, sans contredit, le Suriname. Les noirs l'appellent « Groote Coma », c'est-à-dire grande rivière. Ses sources sont probablement situées un peu au sud du quatrième degré de latitude nord; elles n'ont pas pu être découvertes même par les nègres des bois. Son cours supérieur est très encaissé et encombré par de nombreux rochers; sa dernière chute se trouve près de Brokopondo. Dans son cours inférieur, le fleuve est bordé de digues qui empêchent ses débordements. Après un parcours de 300 kilomètres environ, il va se jeter dans l'Atlantique, près de la capitale. En temps ordinaire, il n'y a qu'un nombre assez limité de navires qui puissent remonter le fleuve jusqu'à Paramaribo; les autres doivent profiter des grandes marées. Près de son embouchure, le Suriname reçoit la Cottica, qui communique avec la Marowijne par une série de canaux. C'est surtout à toute la région côtière comprise entre ces deux dernières rivières que s'appliquent les descriptions que nous avons faites plus haut. À l'ouest, nous trouvons un petit golfe dans lequel viennent se jeter des rivières assez importantes : la Saramacca (300 kil.) et la Coppename (110 kil.). Cette dernière communique également par différents canaux avec la Corantijn (500 kil.), qui forme la frontière orientale de la colonie. Comme nous l'avons déjà fait remarquer, tous ces fleuves, dont les sources se trouvent dans des régions très élevées, ont de brusques changements de niveau à franchir; cette disposition du sol est la cause des nombreuses chutes d'eau qui se rencontrent dans la partie supérieure de leur cours. Les plus considérables ont jusqu'à 21 mètres. Les rives, lorsqu'elles ne sont pas cultivées, sont occupées par des marécages et des forêts épaisses, dont les arbres aux formes bizarres sont couverts de plantes parasites et de lianes courant de branche en branche.

Les palmiers sont surtout nombreux aux embouchures. Ces rivières
ne forment pas des deltas, mais plusieurs d'entre elles se réunissent deux par deux avant de se jeter dans l'Océan : tels sont le
Suriname et la Commewijne, la Saramacca et la Coppename, la
Corantijn et la Nickerie. Par les nombreux canaux qui réunissent
entre eux ces cours d'eau, on pourrait, théoriquement du moins,
aller de la Corantijn jusqu'à la Marowijne sans passer par la mer.
Toutes les rivières de la colonie sont navigables jusqu'aux dernières limites des établissements européens, mais au delà on est
obligé de faire usage des canots indiens.

*
* *

La capitale de la colonie et en même temps la ville principale
est Paramaribo. C'est là que se trouve le siège du gouvernement.
Sa population est de 23,422 habitants. La fondation de la ville
remonte à 1640. A cette époque, les Français chassés de Cayenne
construisirent un port sur les rives du Suriname, à l'endroit où se
trouve aujourd'hui le fort Zélandia. La ville qui fut créée tout à
côté du fort aurait été, dit-on, primitivement appelée Parham-
ibo, ce qui veut dire : jardin de fleurs de Parham, ou village de
Parham. On sait qu'en 1662 le roi d'Angleterre avait donné Suriname en toute propriété à sir Francis Willoughby, comte de
Parham. Mais cette étymologie est fort douteuse, de même que
celle qui ferait dériver Paramaribo de Parima (lac voisin de la
résidence d'El Dorado). Il est plus juste, croyons-nous, de sup-
poser que le nom de la ville est d'origine tout à fait indienne;
lorsque le gouverneur de Sommeldijk arriva dans la colonie, la
ville ne comptait que 27 maisons, dont la plupart étaient des caba-
rets. Depuis elle a beaucoup augmenté.

La ville, ainsi que son faubourg Zélandia ou Combé, sont tra-
versés par de nombreux canaux navigables (*gracht*). Le fort
Zélandia, par suite des nouvelles constructions, se trouve actuellement au milieu de la ville. Les rues sont généralement plantées
d'arbres, par exemple : la Heerenstraat, ainsi que certains quais,
le Waterkant. On voit errer dans ces rues des oiseaux puants
(*stinkvogels*) : c'est l'espèce de vautour noir qui fait disparaître toutes
les immondices. L'habitation du gouverneur se trouve sur la place
du gouvernement (Gouvernements Plein). Cette place, longue de
350 mètres et large de 200, est plantée de beaux arbres. Toutes
les maisons sont construites en bois, à l'exception des bâtiments
publics; ceux-ci sont en briques. En dehors de la capitale, il n'y a
pas d'autres centres importants de population que Coronie et
Nieuw-Rotterdam (726 habitants).

La population de la colonie de Suriname est composée de cinq
éléments : 1° les Indiens ou Peaux-Rouges; 2° les nègres des

bois ; 3° les nègres sédentaires, anciens esclaves libérés depuis 1863 ;
4° les Européens (flotte de commerce, marine, garnison, etc.) ;

JACQUELINE RICKET (NÉGRESSE SÉDENTAIRE).

5° les immigrants de différentes nationalités (1). La densité de
cette population (0.54 hab. par kil. carré) est très faible, même

(1) Le gouvernement de la colonie se compose : d'un gouverneur, chef de
l'armée et de la marine coloniale, président du Conseil colonial, nommé par le
roi ; d'un procureur général, vice-président du Conseil et chef de la police ;
d'un administrateur des finances ; d'un agent général de l'immigration ; d'un

HUTTE DES NÈGRES DES BOIS.

par rapport aux États les moins peuplés de l'Amérique; mais on ne doit pas oublier qu'il n'y a qu'un quart à peine de la colonie qui soit habité (1).

II

LES INDIENS.

Les Indiens de Suriname habitent les hautes terres. On croit qu'ils formaient la population autochtone de la colonie et même celle de toute la Guyane. On n'en compte aujourd'hui que de sept à huit cents, divisés en trois tribus principales : les Caraïbes (leur nom véritable est Kalina), les Arrowaks et les Warrons ou Guaranos. Leur nombre va continuellement en s'amoindrissant; les principales causes de cette diminution sont le manque de soins donnés aux enfants, le traitement défectueux des maladies et surtout l'ivrognerie aussi bien chez les hommes que chez les femmes.

A cet égard, on ne peut s'abstenir d'une réflexion pénible. S'il est triste de voir toute une population condamnée à une destruction complète, il l'est encore plus de penser qu'elle ne laissera aucune trace de son passage après elle; tandis que le souvenir de tant de peuples anciens survit encore dans l'esprit de nos contemporains par l'histoire de leurs actions et les monuments célèbres ou magnifiques qu'ils ont élevés, de ces pauvres Indiens, il ne subsistera ni un chant, ni une tradition qui rappellera leur existence; même les rares métis qu'ils auront pu produire disparaîtront rapidement au milieu de la masse des populations environnantes.

Sauf quelques mélanges avec les nègres, ces Indiens sont très purs de race. Ils sont généralement bien faits. On rencontre parmi eux peu de malformations, car ils ont l'habitude de noyer les enfants nés difformes. Leur physionomie, dans son ensemble, n'est pas désagréable, surtout celle des femmes, qui exprime une grande douceur et une grande bonté. L'aspect général rappelle le type blanc, mais ils sont d'ordinaire d'une couleur brun rouge, tendant vers le bronze clair. Ils portent de très longs cheveux d'un noir brillant qui ne deviennent gris que fort tard. La chevelure est un de leurs grands ornements. Ils ne gardent aucune barbe; tous les poils qui naissent autour de la bouche et du menton sont soigneusement enlevés, chez les hommes et chez les femmes; beaucoup arrachent même leurs sourcils. Un des carac-

secrétaire colonial. Il y a, en outre, des Etats coloniaux se composant d'au moins neuf membres, dont quatre sont nommés par le gouverneur et cinq élus par les censitaires de la colonie.

(1) Au 1ᵉʳ janvier 1883, cette population dont le total était de 64,655 habitants, se répartissait comme suit : Indiens, 800; nègres des bois, 10,000; nègres sédentaires, 48,196; Européens, 1,182; immigrants, 4,475.

tères physiques qui ont le plus frappé l'auteur de ces notes est le grand écartement de l'orteil; cependant il ne lui a pas été donné de constater si ce doigt pouvait s'opposer aux autres pour saisir des objets ainsi que quelques auteurs l'ont avancé.

Les Caraïbes furent autrefois très guerriers : ils étaient en lutte continuelle avec leurs voisins et avaient acquis la célébrité d'être d'une grande cruauté à l'égard de leurs prisonniers. Les Warrons, qui restaient sur la Nickerie, se montraient plus laborieux et plus civilisés, mais c'étaient les Arrowaks qui passaient pour les plus pacifiques et les plus doux. Actuellement, on peut faire cet éloge de toutes les tribus. Ils estiment les Européens, tout en se tenant loin du contact de leur civilisation, ce que justifiait l'un d'eux par ces paroles : « Ainsi nous sommes bien plus heureux et bien plus libres que les Européens. » Par suite de cet éloignement, leurs facultés mentales se sont peu développées, et, quoiqu'ils possèdent des qualités naturelles excellentes, il y a peu à espérer pour l'avenir intellectuel de leur race.

Ils se nourrissent de gibier et de racines. La cassave est celle qu'ils préfèrent. Ils en font une espèce de pain. Avec cette racine ils fabriquent aussi une sorte de boisson qui, par son goût et sa couleur, ressemble beaucoup au jus de groseilles. Ils se procurent les spiritueux dans les établissements européens.

Ils mènent une vie errante et habitent dans des huttes qui les abritent contre les pluies tropicales. Leurs villages sont situés sur les hautes terres de la colonie. Ils sont généralement construits dans une savane (plaine de sable ou prairie), sur les rives d'un fleuve ou sur les bords d'un bois dans lequel ils peuvent chasser pour se procurer leur nourriture ; c'est là qu'ils trouvent le gibier nécessaire à leur consommation et les matériaux qui servent à la construction de leurs huttes. Mais une rivière à proximité est pour la fondation d'un village une condition indispensable aux Indiens, habitués qu'ils sont à prendre des bains fréquents; ils évitent, en outre, la fatigue qui résulterait pour eux d'un long trajet à faire pour se procurer l'eau nécessaire à leurs usages domestiques. Ce sont là les raisons principales qui déterminent le choix d'un campement; ils cherchent à se procurer ainsi une position peu en vue, non seulement parce qu'ils sont timides et méfiants, mais parce qu'ils sont trop nonchalants pour serrer leurs objets avant de s'éloigner; et, en effet, ils ne prennent même pas le soin d'avoir un endroit où ils pourraient les cacher; ils abandonnent leurs huttes, avec presque tout ce qui s'y trouve, complètement ouvertes, mais ils emportent avec eux leurs instruments de chasse et de pêche, ainsi que leurs hamacs.

Les huttes sont d'une construction très simple : elles se composent uniquement d'un toit de feuillage, mais jamais elles ne comprennent de magasins; l'intérieur en est d'une propreté remarquable, les plantes grimpantes en sont soigneusement enlevées. Du reste, il n'y a pas chez eux grand'chose à voler ; leurs besoins

JOHANNES KOJO (NÈGRE DES BOIS.)

étant très limités, ils ne possèdent que très peu d'objets, les réduisant à quelques-uns qui leur sont d'une nécessité absolue. Ils n'ont pas d'effets d'habillement. Les hamacs dans lesquels ils couchent et qu'ils fabriquent eux-mêmes sont la partie principale d'un mobilier très simple, dont les autres éléments sont une espèce de huche ou plutôt un tronc d'arbre creusé; une couple de pots en terre, des corbeilles tressées dans lesquelles ils transportent le poisson et les fruits (pour la marche, ces paniers reposent sur le

GERARDINA (NÈGRESSE SÉDENTAIRE.)

dos du porteur et sont maintenus par un lien qui s'appuie sur le front); leurs plats et leurs verres sont fournis, la plupart du temps, par les fruits de l'arbre à calebasses; on les coupe en deux et l'on creuse chacune de ces deux moitiés. Ils suspendent dans leurs huttes cette espèce de tube ou tamis (*matapie*) tressé avec une sorte de jonc appelé *warimbo*, et qui sert à presser les racines de cassave après qu'elles ont été écrasées, pour séparer le jus vénéneux de la fécule, enfin un plat en fer pour y cuire les gâteaux complète ce mobilier.

Les villages ou plutôt les hameaux que forment les Indiens se composent seulement de quelques huttes placées à côté les unes des autres, sans aucun ordre, quoiqu'on s'applique à déployer beaucoup d'adresse dans leur construction. Chaque hutte est habitée par un nombre d'indigènes variant de quatre à six personnes. Comme nous venons de le dire, ces habitations ne se composent que d'un toit d'une longueur de cinq à vingt mètres, généralement soutenu par neuf poteaux; sa charpente ne nécessite que des poutres de quatre à cinq centimètres d'épaisseur. On construit la toiture avec des tiges flexibles recourbées qui se coupent à angle droit en formant le faîte de la hutte; par-dessus cette construction, on étend des feuilles de palmier ou d'autres arbres. Les deux extrémités de la hutte restent ouvertes : quelquefois, cependant, elles sont fermées par des nattes en bambou tressées ; du côté où la pluie et le vent viennent le plus souvent, le toit descend jusqu'à terre. Pour assujettir les diverses pièces de cette charpente, il ne s'emploie aucun clou : c'est la forêt qui fournit tous les matériaux de la construction; seulement les bois sont souvent peints avec une couleur appelée « coesoewee » ou « orléans » et qui est la substance vendue dans le commerce sous les noms de « annatto » ou « rocou ».

Les Indiens dorment et se reposent dans les hamacs qui sont tendus dans leurs huttes, à l'exclusion de toute autre espèce de couche. Au milieu de la hutte est toujours allumé un feu qui, le jour, sert à préparer les aliments, et, la nuit, à tenir à une distance respectueuse les tigres, les chauves-souris et autres animaux nuisibles ou dangereux. La toilette des hommes consiste en une étroite bande de coton appelée par les Européens « kamisa », en quelques colliers de dents de « pakira » (espèce de cochon sauvage), et en quelques liens en forme de bracelets autour des bras et des jambes. Les jours de fête, ils se peignent tout le corps et les cheveux avec certaines couleurs rouges et noires; l'une d'elles est la même qui sert à peindre les bois de leurs huttes; appliquée sur le corps, elle a aussi pour but de les garantir des ardeurs du soleil et de l'aiguillon des moustiques. Ils mettent également, les jours de fête, leur coiffure à plumes. Cette coiffure se compose d'une couronne en osier tressé, dans laquelle sont plantées des pennes de perroquets et d'autres oiseaux au plumage voyant. En général, dans la vie ordinaire, ils ne sont jamais tatoués. Les Arrowaks serrent autour des chevilles des liens ornés de houppes en coton blanches et rouges.

Les femmes sont aussi primitivement habillées que les hommes, mais elles ont quelques ornements en plus. Ce sont, en outre des pendants de nez et d'oreilles, des colliers de corail autour du cou, des poignets, et un petit tablier orné de corail (*kouiou*). Elles serrent des chapelets de grains autour de leurs mollets, qui en deviennent difformes, car ces liens ne doivent être remplacés qu'à de grands intervalles. Beaucoup de femmes portent dans la hutte une espèce de long habit dont le côté, relevé jusqu'au cou, laisse voir le genou droit.

Chez un grand nombre d'Indiens, la lèvre inférieure est percée d'un trou destiné à recevoir une arête de poisson ou une épingle; cette coutume trouve sa raison d'être dans la nécessité où les Indiens sont souvent d'enlever les épines ou les insectes qui sont entrés dans leur peau, le *pulex penetrans* par exemple; l'épingle leur sert de même, au besoin, à manger les coquillages qu'ils peuvent rencontrer. Les femmes portent aussi dans les oreilles de petits morceaux de bois d'une espèce analogue au liège. Elles ont les cheveux longs, qu'elles laissent généralement flottants.

*
* *

Les hommes vont de temps à autre à la chasse et à la pêche, et fabriquent leurs armes (arcs et flèches) et tous les instruments qui leur sont nécessaires. Depuis quelques années ils se servent d'armes à feu; il en est même qui possèdent des fusils Lefaucheux, dons de quelques Européens. Ils creusent les canots, construisent les huttes, abattent les arbres sur le terrain où ils veulent faire leurs champs et y brûlent des branches et des feuilles pour fertiliser le sol. Ils tressent aussi des paniers. Tous les autres gros travaux sont laissés aux femmes. Celles-ci font de la poterie qu'elles cuisent devant le feu toujours allumé dans la hutte; le dernier poli est donné aux vases ainsi fabriqués en les frottant soigneusement avec certains cailloux qu'on fait venir de l'Orénoque. Toute leur industrie se réduit à cela, et à ce point de vue ils sont au-dessous de certains nègres de l'Afrique.

Les Indiens de Suriname paraissent, au reste, incapables d'aucun effort pour cultiver leur esprit, et ils éprouvent la plus grande répulsion pour tout ce qui tendrait à les faire sortir des habitudes reçues. Nous avons signalé leur douceur: on va jusqu'à affirmer qu'elle est si grande qu'ils fuiraient devant un voleur plutôt que de se battre avec lui. Leurs croyances sont très vagues en général; ils craignent beaucoup les forces de la nature et les esprits des morts, pour lesquels, cependant, ils ont un grand respect, mais qu'ils redoutent comme des revenants; ce qui ne les empêche pas de chercher à les protéger contre d'autres esprits qu'ils considèrent comme mauvais. Quand une personne vient à mourir, elle est enterrée dans la hutte qu'elle avait habitée pendant sa vie, mais les autres quittent aussitôt cette hutte: ils craignent que l'esprit du mort ne vienne s'y promener, ou qu'un autre, mauvais esprit, ne leur en rende le séjour impossible. Ils croient donc, semble-t-il, à un principe qui survit à la mort, mais à cet égard leurs idées manquent de précision.

* *

Les hommes passent la plus grande partie de la journée dans

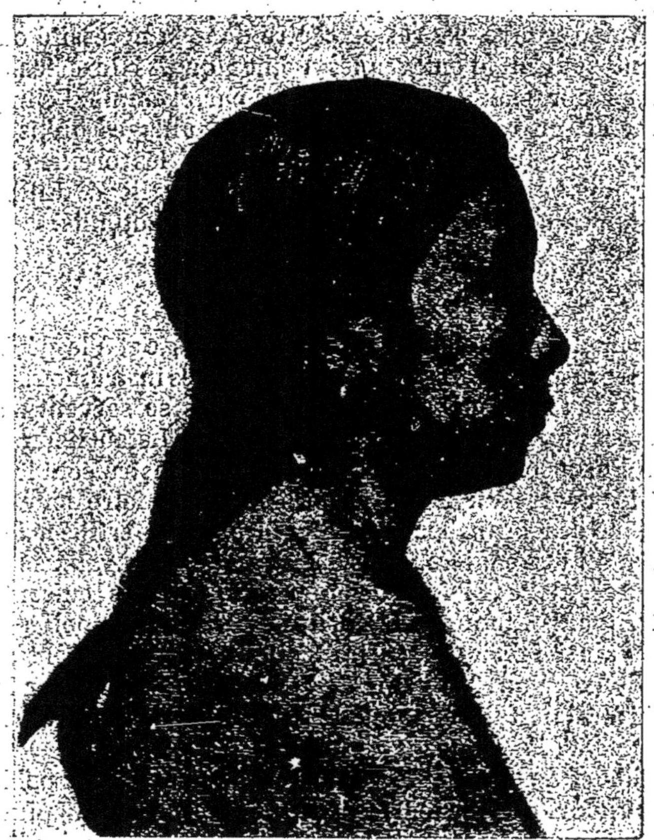

AWARAHEÑA (INDIENNE).

leurs hamacs, soit à causer, soit à jouer d'un grossier instrument de musique, le tambour, par exemple. Pour rompre la monotonie de cet exercice, ils imitent de temps en temps les cris de quelques animaux sauvages.

Comme chez la plupart des peuples primitifs, les femmes sont traitées en esclaves. Elles sont chargées de la culture et de l'entretien des champs, de la préparation de la cassave, ainsi que de la transformation qu'on lui fait subir en vue d'en obtenir du pain. Elles doivent aller chercher le bois nécessaire à l'entretien du feu

TYPES INDIENS KALINAS (FAMILLE KA-JA-ROE DEVANT SA HUTTE).

qui brûle toute la nuit au-dessous des hamacs suspendus dans la hutte. Elles vont puiser l'eau, font cuire les aliments, conservent l'habitation en état de propreté et élèvent les enfants (1). Quelques-unes d'entre elles seulement, encore ne sont-ce que les plus jeunes, ont d'abord les traits assez réguliers, le corps svelte et bien formé; mais toutes enlaidissent beaucoup en vieillissant.

III

LES NÈGRES DES BOIS.

La population noire de Suriname se divise en deux groupes : les nègres des bois et les nègres sédentaires (2), tous d'origine africaine. C'est le commerce des esclaves qui en a peuplé la colonie. Les nègres des bois habitent dans des « loos » ou villages peu éloignés les uns des autres et situés dans les régions montagneuses que traverse le cours supérieur des principales rivières de Suriname. Ces nègres des bois (*Bosch negers*) forment actuellement quatre groupes principaux :

1º Les *Aucaners,* fixés sur trois points différents de la colonie; d'abord sur le haut cours de la Marowijne, à côté de Ioka-Kreek; ensuite sur le cours supérieur de la Cottica, d'où ils communiquent avec la Marowijne par la Wane-Kreek, enfin à Sarah-Kreek, sur le haut-Suriname.

2º Les *Bekoes* et *Moesingas* ou *Mantoearis,* qui habitent le cours supérieur de la Saramacca, à Maripaston et à Miendreniti-Kreek.

3º Les *Saramaccaners,* qui occupent une vingtaine de villages sur le haut Suriname, à cinquante lieues de la capitale (3). Leur terri-toire n'a aucune dénomination particulière; ils l'appellent Kondré, c'est-à-dire « le pays ».

4º Les nègres *Bonis,* qui habitent la haute Marowijne.

Chaque tribu de ces nègres des bois est gouvernée par un chef installé par le gouvernement; mais ces nègres ne veulent se prêter à aucun progrès, de sorte qu'habitant depuis deux siècles ce pays béni, ils en sont encore au plus bas degré de développement social. Ils s'élèvent à peine au-dessus de la barbarie… Ils sont d'un carac-tère jaloux, méfiant et vindicatif; en outre, ils sont très paresseux, surtout les hommes, et jusqu'à maintenant ils n'ont jamais pu

(1) Leur douceur et leur tendresse maternelles ne les empêchent pas de laisser sacrifier à une coutume barbare qui, à la naissance de deux jumeaux, en fait noyer un. C'est le hasard qui désigne la victime. Les deux nouveau-nés sont exposés sur l'eau, chacun dans un petit panier : la pauvre petite créature qui enfonce la première est abandonnée à la mort, tandis qu'on s'empresse de sauver l'autre.

(2) Nous ne parlerons ici que des nègres des bois, les plus curieux à étudier.

(3) Sur le territoire « contesté » attribué à Suriname par la sentence arbitrale du tzar à la suite du litige entre la Guyane française et la Guyane hollandaise, voir *Bibliothèque illustrée des Voyages,* l'*Ile du Diable,* par Xavier LINARD.

s'astreindre à un travail régulier. Quoique ces nègres soient d'une autre race que les indigènes, ils diffèrent peu des Indiens au point de vue de la vie et des mœurs; ils occupent cependant un degré supérieur dans la hiérarchie des sociétés. En dehors de la chasse, le travail du bois est la seule occupation des hommes. Ils ne viennent que rarement dans les villes pour y acheter des armes, de la poudre, du plomb, des spiritueux et le peu de choses qui leur est nécessaire pour s'habiller.

Il est difficile d'atteindre la région qu'ils habitent, parce que le cours des rivières est tellement rempli de rochers et de bas-fonds que les nègres eux-mêmes ne peuvent le parcourir qu'au péril de leur vie. Ils se servent pour cela de canots creusés dans un tronc d'arbre (*Korjale*). Leurs habitations ou plutôt leurs huttes sont placées, sans aucun ordre, sur le bord de la rivière ou de la Kreek navigable qu'ils ont choisie. Leur construction est des plus simples. Ces huttes sont toutes en bois et peu élevées au-dessus du sol; leur longueur varie de quatre à quinze mètres. C'est là forêt qui fournit tous les matériaux. Elles sont couvertes avec les feuilles de l'*Euterpe oleracra* ou du *Manicario saccifera*. Elles ont généralement deux portes, mais pas de fenêtre. Une cloison peu épaisse divise la hutte en deux compartiments ayant chacun sa porte. La famille dort dans l'un, l'autre sert de salle commune où l'on prend les repas. C'est là aussi que se fait la cuisine. Le feu y brûle continuellement, même pendant la nuit.

Ils couchent dans des hamacs. Leurs armes sont suspendues au-dessus de l'endroit où ils dorment. Leurs effets d'habillement (!), ainsi que quelques autres petits objets, sont placés dans des paniers appelés « Pagal ». Une hutte est rarement habitée par plus d'une famille, homme, femme et enfants. On ne l'abandonne que lorsqu'elle a cessé d'être habitable.

Dans leurs villages les nègres des bois sont généralement nus, ne portant qu'une espèce de ceinture (*calimbe*, d'après Van Meeteren). Quand ils veulent s'habiller et se faire beaux, ils mettent un chapeau à larges bords. Souvent cette coiffure est peinte avec des couleurs très vives. Elle est garnie d'un large galon dont les extrémités sont pendantes. Leurs cheveux sont généralement tressés en petites cordelettes qui pendent tout autour de la tête. Pour faire ces tresses, ils s'enduisent les cheveux d'huile de « carapa ». Les bras et les jambes sont couverts de divers ornements; ainsi aux poignets et à l'avant-bras ils mettent des anneaux en fer.

Autour du cou ils portent un collier de dents de tigre, de défenses de sanglier et d'autres animaux qu'ils ont tués à la chasse. Les mêmes ornements sont quelquefois appliqués sur des genouillères; on y ajoute parfois une coquille, un morceau de cuivre, de

plomb ou de fer. Ils se parent aussi de plumes de perroquet et
d'autres oiseaux, ainsi que de petites houppes faites avec du coton.

ALIHA-KAMA (JEUNE INDIENNE KALINA.)

Ce dernier ornement s'appelle « Obia », c'est-à-dire « charme ».
Ils le considèrent comme une amulette ou un talisman.

Ces nègres des bois, comme beaucoup de leurs congénères de
l'Afrique équatoriale, se tatouent la figure et les membres. Mais ce

tatouage est fait au couteau, sans adjonction de couleur. Lorsque
la croissance de la peau a fait plus ou moins disparaître les cica-
trices, on renouvelle les incisions aux mêmes endroits. Les hommes,
les femmes et les enfants subissent l'opération du tatouage; néan-

AMALIA PRI-MASON (NÉGRESSE SÉDENTAIRE.)

moins, un homme qui serait trop couvert de ces dessins serait
considéré avec le même dédain qu'en Europe un élégant trop
efféminé. Il y a, en effet, des hommes qui sont absolument couverts de tatouages; mais ceux qui sont laborieux et dont l'intelligence est un peu plus développée les regardent avec un certain
mépris; ils disent que ce sont les paresseux qui gaspillent ainsi
leur temps en se faisant faire ces ornements.

Comme les femmes, les hommes portent des mouchoirs de couleur autour du cou. Le costume des négresses est, du reste, aussi simple que celui des nègres. Elles s'enroulent autour de la taille un morceau de toile de couleur ou de cotonnade nommée « *bont* » qui pend généralement jusqu'au genou ; c'est ce qu'en français nous appelons *pagne*, de l'espagnol *paño*. Le haut du corps reste complètement nu. Autour des poignets, du cou et des chevilles, elles portent des rangées de perles qu'elles aiment beaucoup. Elles tressent avec leurs cheveux une foule de petites nattes au bout desquelles elles attachent de petits morceaux de ruban de coton. Parfois elles ont les cheveux longs. Des colliers de corail rouge ont une très grande valeur à leurs yeux ; elles les mettent surtout les jours de fête. Elles ajoutent alors à leur toilette ordinaire le mouchoir de couleur autour du cou dont nous avons parlé plus haut, et des anneaux de fer ou de cuivre autour des poignets ; ce sont les bracelets des femmes européennes. Aux doigts elles ont des bagues de cuivre ; il n'est pas rare d'en compter dix sur le même doigt ; elles en portent également au pouce.

*
* *

À la tête de chaque tribu se trouve un « Gran Man » ou grand chef. Le gouvernement néerlandais lui donne comme insigne de son autorité un habit bleu avec des épaulettes. La dignité est héréditaire.

Dans chaque village se trouve un grand abri appelé « Piketti » ou « Kroetoehoso » (probablement de l'anglais *Court house*). C'est là qu'ont lieu les conférences relatives à la conclusion de la paix entre deux villages et celles relatives à des différends entre familles et entre individus.

Lorsque, après de nombreuses discussions, on est amené à une entente plus ou moins parfaite, il ne reste plus qu'à donner à la réconciliation un caractère officiel. A cet effet, les chefs des postes s'assemblent dans le fond du hangar ; près d'eux se placent les personnes intéressées. Derrière elles, à une certaine distance, se tiennent les curieux ; c'est le public.

Lorsque tout le monde est placé, un des chefs prend un vase, en général, une calebasse, remplie de dram ou de jus de canne non encore fermenté. Il en verse quelques gouttes à différents endroits de la Kroeteohoso. Cette cérémonie signifie qu'on invoque l'esprit des ancêtres qui ont réglé leurs différends au même endroit, et qu'en même temps on leur rend hommage en leur offrant les prémices du liquide contenu dans la calebasse. Cette cérémonie terminée, le vase passe de main en main, chacun des assistants devant en boire un peu. Lorsque la calebasse est revenue entre les mains du chef, on considère la paix comme scellée, et tous les méfaits sont pardonnés. Il ne doit plus y avoir d'hostilité entre les parties. S'il arrive qu'un des assistants ne veuille pas boire, on le force à expliquer les causes de son refus, et alors les débats peuvent recommencer.

Dans ce cas, les anciens du conseil s'éloignent et laissent le Gran Man seul dans la Kroetoehoso. Ils forment alors différents groupes pour discuter la question et échanger leur opinion à cet égard. Lorsqu'ils sont arrivés à une entente plus ou moins complète, ils rentrent sous le hangar, et la discussion générale continue jusqu'à ce qu'ils tombent d'accord. Toutes ces délibérations des anciens ou conseillers ont un caractère solennel. Quand l'affaire est arrangée, la coupe fait de nouveau le tour de l'assemblée, ensuite chacun se retire chez soi.

*
* *

En cas de maladie grave, ils consultent le « Cromantie-Gado » (divinité); cette consultation ne peut avoir lieu sans être accompagnée de danses, de chants et surtout de copieuses libations de liqueurs fortes. Ce n'est pas au dieu lui-même qu'on pose les questions, mais bien à un personnage spécial appelé « Wentie »; à son défaut, on demande les bons offices d'un personnage important du village. Pour que le Wentie ou son suppléant puisse répondre, il faut qu'il se trouve dans un état particulier. Il commence par s'exciter au moyen de danses, de chants et de boissons spiritueuses; il exécute en même temps les contorsions les plus extravagantes et les plus étranges. A partir de ce moment, il est dans un état de délire complet et a perdu toute connaissance du monde extérieur. Il continue de la sorte jusqu'à ce qu'il tombe à terre, l'écume lui sortant par la bouche. Il faut bien se garder d'approcher du féticheur lorsqu'il se trouve en cet état; au contraire, on doit employer tous les moyens pour l'éviter.

Au bout d'un certain temps, son corps devient rigide, on dirait presque un cadavre. Seulement ses yeux, injectés de sang, qu'il roule continuellement, montrent qu'il n'en est rien. Dans cet état, on le transporte soigneusement devant l'image du Cromantie-Gado. Là, en présence du patient, on lui pose différentes questions relatives à la maladie de celui-ci; si ce dernier ne pouvait être transporté, on apporterait simplement un des vêtements dont il se couvre habituellement. Les questions sont posées avec beaucoup de cérémonies, et les réponses sont faites par le féticheur étendu par terre. On le consulte aussi pour savoir si telle ou telle herbe doit être employée. Le malade est obligé de se soumettre jusqu'à sa complète guérison aux prescriptions qui lui sont ordonnées. Malgré les médicaments bien étranges qu'il doit prendre, le malade guérit quelquefois après de longues souffrances. Si la gué-

rison ne vient pas, c'est que les prescriptions n'ont pas été obser-
vées scrupuleusement, et que par suite le patient s'est attiré la
haine du dieu qui le poursuit de sa vengeance pour l'avoir invoqué
et n'avoir pas suivi ses ordres. Ils sont tout à fait convaincus que
le succès est certain, si ces derniers ont été ponctuellement exécutés. Il arrive même que des individus, après leur guérison,
s'abstiennent de prendre certains aliments qui leur avaient été
interdits pendant la maladie.

Presque tous les villages des nègres des bois ont un Wentie. Ce
sont les dépositaires de toutes les pratiques des cultes africains.
Ils ont, par exemple, la faculté de danser pendant cinq minutes
sans chaussures sur un foyer ardent qui ne laisse pas sur leur
peau la moindre trace de brûlure.

PRINCE ROLAND BONAPARTE.

JACQUELINE RICKET (NÉGRESSE SÉDENTAIRE).

www.ingramcontent.com/pod-product-compliance
Ingram Content Group UK Ltd.
Pitfield, Milton Keynes, MK11 3LW, UK
UKHW021203140726
13695UKWH00005B/2311